51
Lb 1803

AF229821

OPINION

D'UN CATHOLIQUE

SUR LA

CÉRÉMONIE RELIGIEUSE

FAITE LE 1er MAI 1833,
DANS LA CATHÉDRALE DE NANTES, A L'OCCASION
DE LA

PRÉTENDUE FÊTE DU ROI

LOUIS-PHILIPPE.

NANTES.

31 Mai 1833.

Opinion d'un Catholique

SUR LA CÉRÉMONIE RELIGIEUSE

FAITE LE 1ᵉʳ MAI 1833, DANS LA CATHÉDRALE DE NANTES,

A L'OCCASION

DE LA PRÉTENDUE FÊTE DU ROI LOUIS-PHILIPPE.

Qui n'a pas été étonné de cette innovation subitement introduite dans la conduite du clergé de Nantes, de cette cérémonie plus politique que religieuse qui a eu lieu dans la cathédrale de Saint-Pierre de Nantes, le 1ᵉʳ mai, jour de saint Philippe. C'est une messe solennelle qui a été célébrée par Mᵍʳ l'évêque de Nantes lui-même, à l'occasion de la fête du roi, sur la demande expresse des autorités qui constituent le pouvoir politique. L'autorité religieuse n'a fait, dit-on, rien de moins, rien de plus, que ce qui se pratiquait le jour de la Saint-Louis, sous la Restauration.

Chaque parti a parlé de cette cérémonie politique suivant son point de vue particulier. Les royalistes n'ont regretté que la transposition des personnes. Les faux libéraux de nos pays n'y ont trouvé qu'une occasion de nouveaux blasphèmes contre la religion catholique. Les politiques du juste-milieu qui veulent reconstruire une royauté presque légitime, ont battu des mains de joie et ont applaudi au retour des formes de l'ancienne monarchie à leur profit. Nous, pour qui le fond de la société est dans la religion et dans la liberté, et non pas dans des formes sociales que le temps altère et détruit, nous en parlerons comme catholique et comme ami des libertés publiques. Nous eussions désiré laisser à un autre cette tâche délicate. Nous craignions qu'on ne cherchât moins dans nos critiques notre conviction intime des dangers que court la religion, que le jugement porté sur les actes d'un prélat que nous vénérons, et qui a eu le grand mérite de n'avoir pas compromis les intérêts de l'Église, pendant les derniers troubles de l'Ouest. Mais personne ne se présentant à Nantes, pour envisager, en catholique, cette nouvelle mesure dans ses rapports avec la foi et les intérêts sociaux, nous ne reculerons pas devant ce qui nous apparaît comme notre devoir. — Peu nous importent les jugements du monde à notre égard. — Notre conscience nous pousse à n'écouter que notre zèle religieux. Si nous nous trompons, qu'on nous reprenne : nous nous réformerons volontiers.

D'abord politiquement parlant, pourrait-on nous dire ce que c'est que la fête du roi. Il ne faut pas ici se payer de vains mots. Est-ce que le roi des Français a une fête ? Qu'est-ce que la fête d'un roi ou d'un particulier ? C'est dans les idées de l'Église catholique le jour de l'année où l'on invoque publiquement et avec dévotion l'*homme glorifié*, le *saint* qu'on a choisi pour protecteur auprès de Dieu, pour modèle à suivre sur la terre. Sous la dynastie de la branche aînée des Bourbons, il y avait une *religion d'état*, c'est-à-dire que la religion du prince était celle de la nation, ou, si l'on veut, celle de la majorité de la nation était suivie par le prince : et l'on conçoit qu'il pouvait y avoir la fête du roi, à laquelle la nation prenait part, à raison de la conformité de croyances et d'espérances : de même que le patronage de la sainte Vierge sous lequel la France était placée, était commun aux rois de France. Mais sous la branche cadette, où aucun droit politique n'est supposé venir du Christ, je ne vois pas de ciel ni de saints protec— teurs au dessus du trône fondé en juillet. J'aperçois, il est vrai, au dessus de la tête du roi, lorsqu'il siége en cette qualité, un code de lois écrites sur une feuille de papier qu'on appelle la Charte, et plus haut, dans un nuage fort obscur sans doute, la Nation, source du vrai pouvoir, qui plane sur cette royauté comme étant supposée son ouvrage : mais de saint Philippe comme patron, comme modèle à suivre, je ne vois là aucune image. Qu'importe qu'il y ait majorité ou minorité en France pour la religion catholique : le plus ou le moins de sectateurs de ce culte ne modifie en rien la question qu'il est étranger à l'État. Il n'y a en France, depuis juillet, qu'une seule loi fondamentale sur les cultes, c'est qu'ils doivent être *tous libres sans exception*. Si demain le roi privativement se faisait protestant ou même qu'il affichât le pur déisme, faudrait-il que l'autorité modifiât en conséquence les cérémonies de cette soi-disant fête du roi, et que là nation fût appelée à célébrer la fête de la réformation luthérienne ou celle de l'Être suprême comme sous la Convention ? S'il fut né dans le temps ou les noms de saints étaient prohibés, et si alors il eut reçu pour prénoms ceux de Brutus ou de Plutus, y aurait-il eu une fête de roi républicaine ou payenne ? C'est donc une inconséquence de fêter le roi des Français politiquement et religieusement à cause de son *prénom*. Sous la forme actuelle du gouvernement, que fait à la nation le *prénom* du roi ? C'est se moquer d'elle ouvertement que de lui jeter un *prénom* à couronner de guirlandes, à parfumer d'encens et de flatteries, lorsqu'elle demande avec instance la liberté et les droits politiques qui lui sont dus.

Mais c'est spécialement sous le point de vue religieux que je dois considérer la cérémonie politique de la Saint-Philippe : et j'y signale des inconvenances bien plus choquantes encore. J'y vois la profanation des choses saintes, un piége tendu dans le dessein d'avilir le clergé, la destruction de la foi chez les peuples, et l'enlèvement des dernières espérances des libertés de notre pays.

C'est sans aucun doute une profanation, un scandale public que cette cérémonie d'une messe politique et royale, dite par ordre devant un pouvoir qui ne reconnaît plus le Dieu des catholiques: car ce pouvoir est athée, et il doit l'être, puisque son premier dogme (l'article 5 de la Charte) consacre la *liberté des cultes*, c'est-à-dire, la négation et le mépris de toute vérité religieuse. Ses agents officiels sont venus ce jour-là grimacer quelques attitudes d'un faux respect devant un saint autel que nous révérons: ils se sont couverts du manteau de l'hypocrisie, pour simuler une feinte dévotion au catholicisme qu'ils méprisent. Ces fidèles du nouveau culte politique ont envahi les premières places du sanctuaire; ils ont étourdi les fidèles assemblés en prière, par le bruit des tambours, le cliquetis des armes, la voix tonnante des commandements militaires, les blasphêmes à demi-voix, les rires immodérés: leur musique répétant les airs lascifs de leurs drames érotiques ou des sons odieux qui appellent la soif du sang. La révolution de juillet avait du moins éloigné des églises cet éclat bruyant et scandaleux de la pompe mondaine. Satan avait porté ailleurs ses odieux triomphes. Pourquoi faut-il qu'il vienne s'introniser de nouveau dans nos temples, et en faire déserter les vrais fidèles du Dieu vivant.

Quel exemple d'incrédulité et d'avilissement n'est-ce pas offrir au peuple! Des fonctionnaires d'un pouvoir athée qui en définitive sont nourris, enrichis au moyen d'impôts écrasants, viennent parader devant le pauvre peuple, devant le pontife de Dieu, sans être hués ni repris publiquement, pour leur conduite irrévérencieuse et leur irreligion affichée.

Mais on nous demandera peut-être, s'il est défendu de prier Dieu pour Louis-Philippe, et si tout fonctionnaire qui sert l'état doit être chassé du temple comme un profane. Non certainement, dirons-nous: mais n'entrez dans nos églises qu'autant que vous êtes sincèrement catholiques; venez prier avec nous, pour ceux que vous aimez, vous préfet, vous général, vous juge; agenouillez-vous sur les pavés de ce temple, pêlc-mêle avec nous autres catholiques , et coude à coude de cet honnête ouvrier qui vient humblement demander à Dieu le pain de chaque jour , et qui est peut-être plus grand sous ses guenilles que vous ne l'êtes sous vos habits pesants d'or. L'Évangile plus que la Charte proclame *l'égalité de tous* sous le regard du Dieu de nos autels.

Priez avec ferveur, *comme simples catholiques*, pour Louis-Philippe, pour sa famille, pour tous ceux que vous voudrez; mais *comme pouvoir humain*, vous ne le pouvez pas. Les portes de l'église catholique doivent être fermées à tout gouvernement qui proclame l'athéisme politique ou la liberté des cultes. Le devoir du clergé est de se refuser opiniâtrément à une pareille profanation, et à un pareil mépris qui ne pourrait retomber que sur lui-même.

Sans doute le pontife qui officiait ce jour-là devant l'autel, n'a pas vu ces désordres et ces abominations dans le temple : il était trop préoccupé de la présence du Dieu trois fois saint. Cependant il eût pu les préjuger d'après la composition connue des fonctionnaires publics. Ne sait-on pas que, depuis la révolution de juillet, on a chassé des emplois, comme suspectés de jésuitisme, tous ceux qui ont donné quelques signes de respect pour la religion catholique : en sorte que dans la France, dont l'immense majorité des habitants est catholique, il n'y a pas dans les emplois publics d'individu qui se dise franchement catholique. Ainsi était gouvernée la Belgique sous le roi Guillaume d'odieuse mémoire. Tous les fonctionnaires lui étaient étrangers et contraires à la foi religieuse du peuple. En France la révolution de juillet est devenue l'inverse de la révolution de Bruxelles. Que peut-on donc espérer de la personnalité des agents constituant le pouvoir politique, en faveur d'un culte qu'ils ont presque tous rénié individuellement? Qu'espérer, pour la religion, d'un pouvoir qui se déclare politiquement et personnellement contempteur de ses croyances les plus sacrées?

Mais sera-ce le dernier scandale dont nous aurons à gémir ? Plaise à Dieu que cette innovation, dont les conséquences peuvent être si fatales à notre culte, soit promptement arrêtée ! Si elle ne l'est pas, nous reverrons avec douleur reparaître ce même pouvoir politique, ces mêmes fonctionnaires incrédules, à la procession si respectable de la *Fête-Dieu*. Ils viendront se placer encore entre le Dieu qu'ils insulteront et le peuple chrétien qu'ils mépriseront. On nous dira peut-être : Nous les avons admis pour le bon exemple de la concorde de l'église avec l'état. — Ah quel exemple ! quel concorde ! ou plutôt quelle douleur pour les cœurs catholiques ! — On dira qu'on n'a pu obtenir cet acte extérieur du culte catholique qu'à cette condition de l'introduction du pouvoir politique dans nos cérémonies religieuses. — Si le culte catholique n'est pas libre et si les processions les plus inoffensives ne peuvent se faire, ce n'est pas une raison de les obtenir par une triste et humiliante concession faite au pouvoir oppresseur ; car demain il vous en demandera aussi de plus grandes, que votre position prise à son égard ne vous permettra pas de lui refuser. — Mais cette concession est si peu de chose, dit-on encore ; eh ! qu'importe à la masse des fidèles que des fonctionnaires non-croyants soient placés au milieu de nos fêtes ? la foule qui se presse autour de nos processions est souvent incrédule. — Cette concession, la première que vous aurez faite depuis trois ans, n'est pas si minime qu'on le dit. Pour qui sait lire l'avenir dans les actes du présent et du passé, elle est jugée devoir entraîner le clergé dans des conséquences fatales, le pousser à une position nouvelle et critique devant l'autorité, et lui faire perdre tous les avantages qu'il avait recueillis de sa belle attitude, depuis le jour que la révolution de juillet est venue effacer sur son front les marques de tout pouvoir humain. Par cet acte de faiblesse, vous montrez le peu de confiance que vous avez dans la puissance de la religion abandonnée à elle-même, c'est-à-dire, à la seule force de Dieu ; vous achetez pour elle la protection des puissants de la terre avec quelques gouttes du sang le plus précieux dont vous êtes établis les gardiens par Dieu même ; vous donnez entrée dans le temple au pouvoir blasphémateur, qui fondamentalement et constitutionnellement est placée en dehors du catholicisme, et qui officiellement et devant vous nie la présence de la divinité même ; vous consentez à rabaisser la croix divine à la hauteur d'une enseigne humaine, et bientôt on vous demandera de placer le drapeau tricolor au dessus d'elle ; vous échangez votre glorieuse indépendance contre une faveur terrestre, contre une servitude qui ira croissante. Aujourd'hui rien de moins stable qn'un pouvoir purement humain. Dans trois journées, est tombée une monarchie que le prince eût voulu rendre chrétienne. Dans quelques heures, peut aussi être détruit le pouvoir actuel, qui certes n'a pas ses racines dans le ciel. Vous attacherez-vous donc à tous ceux qui peuvent lui succéder dans la suite, comme les serfs et les joyaux de la couronne restent pour appartenir au dernier triomphateur ? Ah ! gardez la position indépendante que vous avez commencée à vous faire depuis trois ans et qui est écrite dans nos loix nouvelles. Travaillez à votre affranchissement, au nom de la liberté des cultes : c'est votre gloire comme la nôtre, comme celle de Dieu même, Il n'a fait les révolutions en France que pour son triomphe et le vôtre ; car vous êtes son épouse qui doit vivre immaculée, loin de tout contact des hommes. Songez surtout que vous aurez besoin de votre dignité, de votre isolement du pouvoir, pour vous faire respecter et vous défendre, au milieu des malheurs que l'horizon rembrunie nous amène à grande hâte.

Si les processions publiques ne sont pas libres et permises, c'est une injustice, une inconséquence de la part du pouvoir : il faut bien les supporter. Quoi ! ce serait au nom de la liberté des cultes, que le culte catholique, celui de la majorité des

BIBLIOTHÈQUE CATHOLIQUE R. F.

Français ne serait pas libre ! ce serait par la tyrannie impériale que l'on expliquerait la Charte de 1830 ! et entre le texte du décret de l'empereur le plus despote qui régna sur la France, et le texte explicite d'une charte libérale, ce serait la législation despotique et exceptionnelle qui obtiendrait la préférence ! Cela ne se peut sans renverser le bon sens. Je sais qu'ainsi raisonne un journal de cette ville, l'*Ami de la Charte*, qui par une fureur anti-chrétienne qui produit souvent l'égarement de la raison humaine, se heurte à tous moments contre la liberté religieuse en s'évertuant contre le catholicisme. Si le pouvoir va prendre là ses lumières et ses régles de conduite, raison de plus, pour nous catholiques, de repousser toute alliance de dépendance avec lui. Renfermons notre liberté dans nos temples, célébrons nos mystères dans les catacombes, s'il le faut ; mais n'avilissons jamais la dignité du chrétien, et attendons les temps où Dieu voudra montrer sa puissance au dehors, en guidant lui-même nos cérémonies au milieu du peuple. Il se montrera bien le plus fort, lorsque nous le lui aurons demandé avec d'instantes prières.

Depuis la révolution de juillet, le clergé catholique de France a suivi une ligne admirable ; il s'est renfermé dans les devoirs de la vie religieuse, à très-peu d'exceptions près. Supérieur aux petits intérêts des factions, il a laissé passer les jours mauvais, et ne s'est occupé que de sa haute mission auprés des peuples. Il a acquis une grande influence morale dans les villes et dans les campagnes. Le catholicisme a perdu peut-être son importance politique, mais il a beaucoup gagné sur les masses. Il a eu à lutter depuis trois années contre des fonctionnaires ouvertement ennemis de la foi ; mais il n'a pu être terrassé. Aujourd'hui le pouvoir s'arrête dans la persécution et prend une autre ligne à l'égard du clergé ; il veut le séduire, se l'attacher par de vaines promesses : et comme tous les étais lui manquent à la fois, depuis qu'il substitue l'arbitraire à la liberté, le despotisme au gouvernement tant désiré *du pays par le pays*, la charge des impôts au système du bon marché promis, il veut essayer de *l'étai* de la religion pour résister à l'action des peuples. C'est un moyen d'administrer plus moral et moins usé que celui de la police gagée : les peuples sont au clergé ; il faut donc capter le clergé pour tenir les peuples. Mais il va rendre le clergé solidaire de cette haine qui le poursuit lui-même. Que lui importe : c'est de l'habileté dont il se targue ; c'est une ressource dont il se propose d'abuser ; c'est faire servir son ennemi à son propre triomphe. Il l'invite en conséquence à déserter la cause des peuples pour venir fortifier celle de la royauté chancelante ; il lui demande de partager, avec lui et à son profit, cette considération et cette puissance qu'il lui voit exercer sur les masses. Eh bien, chose déplorable ! le premier acte de cette odieuse proposition acceptée s'est passé dans la cathédrale de Nantes, le premier mai. Le pouvoir est venu dire : « Je me fais catholique, croyez-moi sur ma parole, quoique je ne sache pas trop si depuis juillet 1830 je puis devenir pouvoir religieux quelconque. Venez fortifier mon gouvernement ; venez m'aider à contenir la colère du peuple contre mes manques de promesses : je vous comblerai de biens ; mes soldats seront à votre disposition pour retenir les communes dans la foi catholique, pour installer les curés malgré les populations, pour faire la guerre aux autres sectes, etc., etc., etc. »

Espérons que le clergé, mieux informé, verra enfin le piége qui lui a été tendu ; qu'il dédaignera un faux éclat, qu'il laissera au pouvoir actuel la responsabilité de ses œuvres, et qu'il n'abandonnera pas la cause des peuples. La religion du pouvoir n'a jamais fait que des hypocrites. La religion des masses fait les bons catholiques. La religion qui agit efficacement sur les consciences (et il n'y a que celle-là de diviné) n'a d'autre moyen d'action que la douce persuasion, l'abnégation personnelle, la force d'en haut et la puissance du raisonnement. C'est pour cela qu'elle a été d'autant plus forte depuis trois années, que les pouvoirs de la terre l'ont plus abandonnée à elle-même.

On vous dira peut-être : Pourquoi repousser le pouvoir lorsqu'il vient s'offrir de lui-même ? Le catholicisme est sans doute la vérité. Un peu d'aide, une protection franche ne peuvent nuire à la vérité. L'état et la religion ne peuvent-ils se prêter un mutuel secours ? — Oui, sans doute, dans la royauté chrétienne du moyen-âge, où les pouvoirs supérieurs venaient de la même source, de Jésus-Christ à qui on reconnaissait que le monde appartenait. Tous s'inclinaient alors devant la même majesté. Mais aujourd'hui le pouvoir politique n'entend pas reconnaître le même Christ que vous ; il ne veut, et ne peut s'incliner devant aucune autre majesté, que celle de la nation qui fait et défait les rois et les cultes ; ou plutôt il ne réclame votre concours d'action qu'au profit de cette monarchie, qui a été improvisée au mois d'août, vraie idole de bois, qui ne reconnaît ni Dieu ni la Nation pour son auteur, mais seulement l'ouvrier qui la cisela. Qu'avez-vous donc à gagner et que n'avez-vous pas à perdre dans une pareille union avec le pouvoir ? Il ne peut rien vous promettre qu'en manquant à ses promesses faites à la constitution qui nous régit. Sera-t-il plus fort que la constitution ? Vous partagerez l'odieuse complicité de ses violations du pacte social, de son mépris des libertés et des droits des peuples. Échouera-t-il dans sa lutte contre le pouvoir social ? vous tomberiez avec lui sous la haine des peuples. La religion ou le clergé qui la représente ne doit donc être d'aucun parti politique ; elle ne doit être ni royaliste, ni républicaine, ni juste-milieu. Elle doit être du seul parti véritablement immuable, du parti de Dieu et des peuples, et attendre tout de la puissance de son divin auteur. Or la cérémonie du premier mai n'est autre chose qu'un pacte où la religion a été cédée au juste-milieu pour son usage particulier. C'est une faute immense qu'il faut s'empresser de réparer, si l'on veut éviter d'abominables excès, qui en sont la suite nécessaire.

Toute alliance nouvelle de la religion avec l'état serait donc pour elle un suicide, et le signal d'un abandon complet de la part du peuple. Voyez dans nos villes et dans nos campagnes : ce n'est pas le curé qui donne le bras au maire, au percepteur, aux fonctionnaires publics, ce n'est pas celui qui va prêchant partout l'impôt écrasant, la désolante conscription, ce n'est pas celui qui s'unit aux forts contre les faibles, qui peut quelque chose pour le succès de sa mission divine. *C'est une sorte de fonctionnaire de l'état*, dit-on ; *il gagne son argent, il est d'accord avec ceux qui nous oppriment : il faut s'en défier.* Mais si le curé reste étranger aux mesures du gouvernement, qui se résolvent toujours en argent pour dépenser, en soldats pour faire rentrer l'argent ; s'il vit au milieu du peuple souffrant ; s'il partage ses douleurs et ses peines, s'il compatit à sa malheureuse situation, il est alors considéré dans sa paroisse comme un père , comme un conseil, comme un ami. Il peut tout sur les consciences, il les dirige vers le bien, vers le ciel ; car toutes les volontés sont à lui : il règne par l'amour et la confiance qu'on lui porte ; il est vraiment le pasteur , le bon pasteur. Comment donc le clergé voudrait-il perdre une position si belle que la révolution de juillet lui a faite jusqu'à présent, pour l'échanger contre la défaveur et la répulsion qui suivent tous les pouvoirs fondés hors de la liberté, sur l'arbitraire , l'état de siége et la déception. C'est l'indépendance politique qui forme son plus beau titre : qu'il la conserve donc soigneusement : il sera alors redouté et par conséquent respecté des pouvoirs politiques, quels qu'ils soient, à cause de son immense crédit, de son influence morale sur l'esprit des peuples. Sa force sera d'autant plus grande que le mur d'airain qui doit aujourd'hui séparer le temporel du spirituel sera plus épais et plus élevé.

N'est-ce pas d'ailleurs le clergé catholique qui doit à la longue amener les nationaux, comme il l'a fait en Belgique, à conquérir les libertés publiques : car la liberté véritable, celle qui ne dégénère ni en licence ni en tyrannie, est sœur de la religion chrétienne ; elle est née avec elle et forme avec elle les véritables titres de l'humanité. Hors de la religion, toute liberté devient licence ou injustice ; elle est frappée d'impuissance et ne peut rien créer de stable ou d'utile. Les peuples commencent déjà à le comprendre, et ils sentent que leurs espérances s'attachent au clergé actuel. En Belgique, c'est le clergé qui marche aujourd'hui devant les populations dont il a gagné la confiance et le respect. Il est donc bien important pour les grandes destinées de la France libre, que son clergé ne commette aucune faute ; qu'il se maintienne indépendant, immaculé, pur de tout avilissement, et comme toujours prêt à marcher au ciel par le martyre, ou au bonheur des sociétés par la puissance de son influence morale. Il faut qu'il souffre et gémisse avec les peuples, pour ressusciter avec eux ; qu'il fuie la contagion des cours, de peur de s'en trouver infecté ; qu'il craigne l'éclat de l'or et des honneurs, de crainte d'en être ébloui, et qu'il s'isole de toutes passions de parti, que n'a pas le parti purement catholique. Il faut surtout qu'il ne fasse rien pour s'aliéner les peuples, en prenant position au milieu d'un pouvoir quelconque ; car son héritage se compose de la moralité des peuples, plus que du partage des richesses et de la gloire mondaine. Ce serait donc une fausse mesure, un tort fait à l'humanité qui espère en lui comme dans le seul agent qui ait encore sa confiance, que d'aller accepter la protection du pouvoir, d'un pouvoir athée, et de recommencer toutes les fautes commises sous la Restauration, au risque d'amasser contre soi bien plus de haine encore et de manquer tout-à-fait le but de son institution divine.

Répétons-le, parce que c'est notre plus profonde conviction, il y a un danger extrême pour le clergé à s'allier au pouvoir actuel; c'est échanger un commencement d'ère d'affranchissement, d'honneur, de dignité, contre une ère de servitude plus humiliante, plus dégradante qu'il n'en fût jamais; car ce serait lui-même qui aurait voulu reprendre de vieilles chaînes rouillées; il se serait fait de lui-même l'esclave de ses ennemis, et il leur aurait vendu la foi, l'espérance et la liberté des peuples. Quel compte il aurait à rendre à Dieu qui s'est montré si miséricordieux pour la France depuis trois ans; qui a rehaussé la gloire de ceux qui ont eu confiance en lui, en les ornant de ces vertus qui sont l'honneur du clergé; qui semble se charger seul de la défense de sa religion, en repoussant tout concours des pouvoirs de la terre, et qui n'abandonnera pas son ouvrage commencé, si les peuples continuent d'espérer en lui.

Qu'on nous pardonne à nous le zèle qui nous a entraîné ici dans la défense de l'honneur de notre religion. C'est notre bien que nous défendons: bien mille fois plus précieux à nos yeux, que tout ce que la Providence a mis le plus près de notre cœur; bien que nous voulons conserver à nous, à nos enfants, à la patrie que nous aimons, comme le seul trésor réel qui se trouve sous le soleil. Qu'on nous pardonne donc si quelques unes de nos expressions sont jugées amères; elles ne s'appliquent nullement aux personnes : nous ne connaissons d'autre sentiment que l'union des cœurs dans la jouissance des mêmes biens communs de justice et de liberté.

H. DE REGNON.

IMPRIMERIE DE W. BUSSEUIL ET COMP.

www.ingramcontent.com/pod-product-compliance
Lightning Source LLC
Chambersburg PA
CBHW051246070726
47594CB00013B/3794